악필 탈출은 훈민정음 경필쓰기

訓民正音硬筆

훈민정음 경필쓰기 검정과정 익히기

박재성 지음

훈민정음 경필쓰기 검정 과정(8급 ～ 특급) 연습하기

훈민정음(주)

훈민정음 경필쓰기 검정 과정 익히기

초판 발행일 | 2024년 3월 15일

지 은 이 | (사)훈민정음기념사업회 인증 / 박재성 엮음
발 행 인 | 배수현
표지디자인 | 유재헌
본문디자인 | 김미혜
책임감수 | 김동연
편집위원 | 김보영 박화연 홍수연
자료제공 | 박영덕

펴 낸 곳 | 가나북스 www.gnbooks.co.kr
출판등록 | 제393-2009-000012호
주   소 | 경기도 파주시 율곡로 1406
문   의 | (031)959-8833
팩   스 | (031)959-8834

ISBN | 979-11-6446-099-1(03190)

머리말

훈민정음은 대한국인에게 주신 영원한 최고의 선물

사람은 글씨를 통해 마음을 표현하므로 글씨는 마음을 전달하는 수레라고 할 수 있습니다. 따라서 '마음이 바르면 글씨도 바르다[心正則筆正]'라고 합니다. 오만 원권 지폐에서 우리에게 낯익은 신사임당이 만 원권 지폐에서도 만날 수 있는 이율곡에게 전한 말입니다.

예로부터 글씨는 그 사람의 상태를 대변한다고 합니다. 올바른 몸가짐, 겸손하고 정직한 말씨, 바른 글씨체, 공정한 판단력이라는 「신언서판(身言書判)」은 글씨로 마음을 다스릴 수 있는 사람에게 나랏일을 맡겼다는 의미입니다. 그래서 글씨는 의사소통의 도구라고 표현하는데, 우리는 의사소통의 도구 중에 가장 쉽고 간략하여 효과적으로 의사 표현을 할 수 있는 훈민정음을 가지고 있으므로 세계인이 부러워하는 특별한 방법을 갖고 있습니다.

그런데 현대인은 스마트폰과 컴퓨터 생활로 글씨를 쓰는 기회가 점점 사라지고 키보드로 글을 치게 됩니다. 이것은 지구상에 존재하는 생명체 중에 인간만이 누릴 수 있는 글씨 쓰는 특권을 포기하는 것과 마찬가지입니다. 키보드와 마우스가 대세인 젊은 세대일수록 손으로 글씨를 많이 써야 하는 이유이기도 합니다.

이제부터라도 세계인류문화유산인 『훈민정음』을 대한국인이라면 반드시 한 번쯤 직접 써보고 세계 최고의 문자 훈민정음을 보유한 후예로서 자긍심을 가져야 할 것입니다.

훈민정음 창제 580(2024년)

엮은이 **박재성**

글씨 쓰기의 기본

1. 경필(硬단단할 경 · 筆붓 필)

뾰족한 끝을 반으로 가른 얇은 쇠붙이로 만든 촉을 대에 꽂아 잉크를 찍어서 글씨를 쓰는 도구라는 뜻이지만, 동양의 대표적인 필기구인 붓이 부드러운 털로 이루어졌다는 뜻에 대해서 단단한 재료로 만들어진 글씨 쓰는 도구란 의미로 펜, 연필, 철필, 만년필 등을 이른다.

2. 글씨를 잘 쓰는 방법

1) 바른 자세로 글씨 쓰는 습관을 길러야 한다.

2) 경필 글씨 공부는 되도록이면 연필로 쓰는 것이 좋다.

3) 글자의 비율을 맞추면서 크게 써보는 것이 좋다.

4) 모범 글씨를 보고 똑같이 써보려고 노력한다.

5) 반복해서 자꾸 써보는 노력이 가장 중요하다.

3. 펜을 잡는 요령

1) 펜은 펜대 끝에서 1cm가량 되게 잡는 것이 알맞고, 펜대의 경사도는 45~60°만큼 몸쪽으로 기울어지게 잡는 것이 좋다.

2) 펜대를 필요 이상으로 힘주어 잡거나, 펜을 너무 기울이거나 세우면 손가락과 손목이 잘 움직이지 못해 운필이 자유롭지 못하게 된다.

3) 종이 면에 손목을 굳게 붙이면 손가락 끝만으로 쓰게 되므로 손가락 끝이나 손목에 의지하지 말고 팔로 쓰는 듯한 느낌으로 쓴다.

4) 삐침의 요령은 너무 힘을 들이지 않고 가볍게 가지고 자유로이 손을 움직이게 하여야 한다.

5) 반흘림이나 흘림이면 펜대를 점점 높이 잡는 것이 글씨 쓰기 좋다.

이 책의 효과

하나. 훈민정음을 배울 수 있습니다.

이 책은 문화체육관광부 소관 사단법인 훈민정음기념사업회가 훈민정음을 바르게 알리기 위해서 심혈을 기울여 현대에 맞게 번역하여 국민 누구나 쉽게 이해할 수 있도록 편집하였습니다.

둘. 문자 강국의 자긍심을 느낄 수 있습니다.

이 책은 전 세계에 존재하는 70여 개의 문자 중에서 유일하게 창제자 · 창제연도 · 창제원리를 알 수 있는 독창성과 창작성으로 유네스코에 인류문화 유산으로 등재되어 세계에서 가장 우수한 문자로 인정받는 위대한 문자 훈민정음을 보유한 문자 강국의 자긍심을 느낄 수 있도록 편집하였습니다.

셋. 역사를 바르게 알 수 있습니다.

이 책은 『훈민정음 언해본』의 내용 풀이에만 그치지 않고, 내용 중에 이해하기 어려운 용어도 미주에 보충 설명을 하여서 독자 누구나 바르게 이해할 수 있도록 편집하였습니다.

넷. 한자를 바르게 알고 쓸 수 있습니다.

이 책은 『훈민정음 언해본』의 한자 및 한자어를 분석하여 사용된 51자의 한자에 대한 훈음은 물론 주요 한자의 필순을 책 앞에 실어서 독자 누구나 한자를 바르게 알고 쓸 수 있도록 편집하였습니다.

다섯. 글씨를 예쁘게 쓸 수 있습니다.

이 책은 스마트폰과 컴퓨터 생활로 글씨를 쓰는 기회가 점점 사라지는 현대인에게 마음을 표현할 수 있는 예쁜 글씨를 써볼 수 있도록 편집하였습니다.

여섯. 일석이조의 효과를 얻을 수 있습니다.

훈민정음의 창제원리를 배울 수 있고, 사단법인 훈민정음기념사업회가 주최하는 〈훈민정음 경필 쓰기 검정〉에도 응시할 수 있는 일석이조의 효과를 얻을 수 있도록 편집하였습니다.

목차

✺ 글씨쓰기 기본 학습

1. 점선을 따라 바르게 그어 보세요.

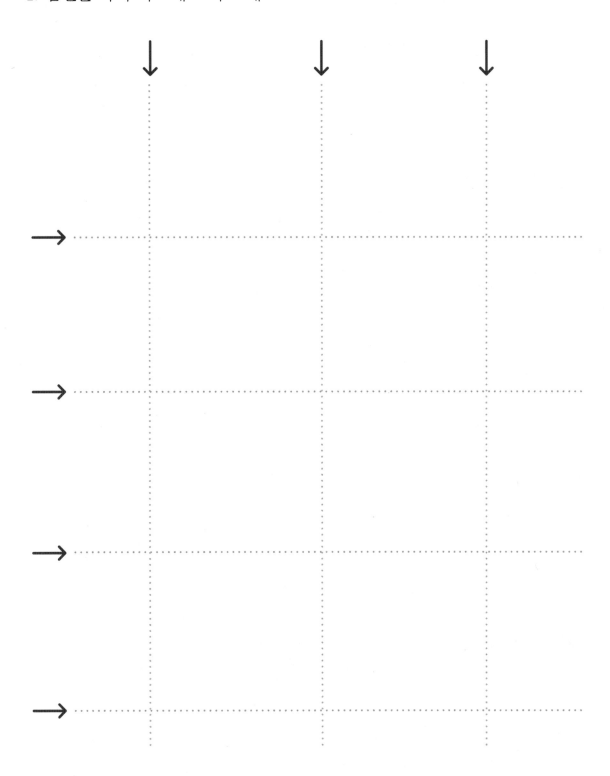

2. 점선을 따라 바르게 그어 보세요.

3. 점선을 따라 바르게 그어 보세요.

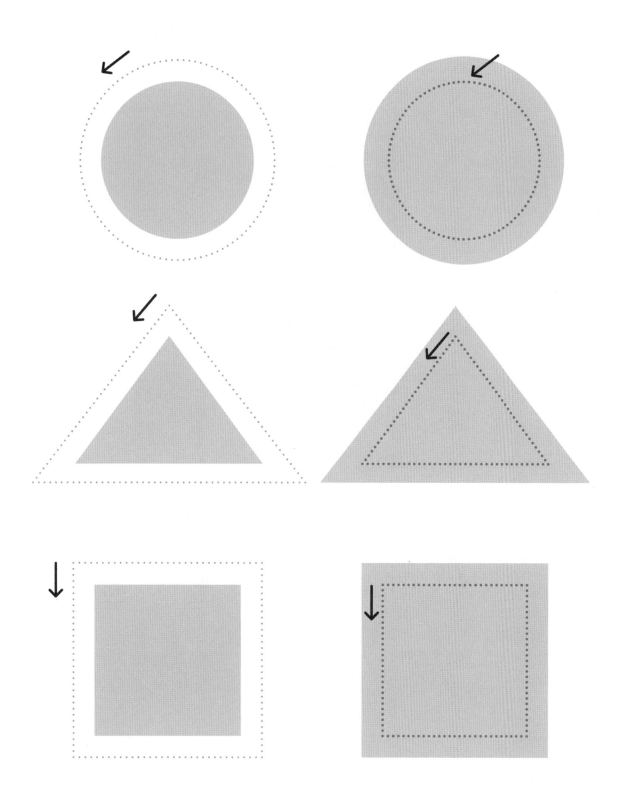

4. 점선을 따라 바르게 그어 보세요.

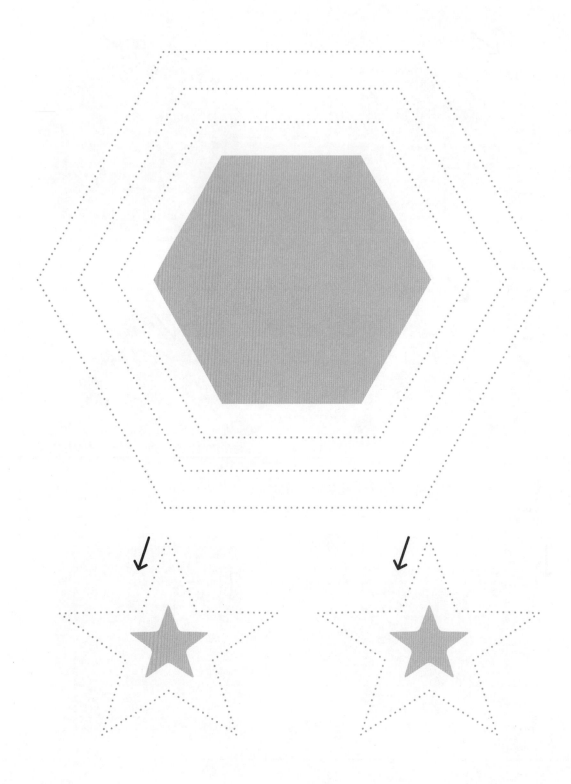

✿ 낱자자음(닿소리) 쓰기

 훈민정음 궁서체 정자 쓰기의 가장 중요한 기본은 대체로 부드럽게 쓰면서 곱고 바르게 그어 내려가며 끝은 가늘고 자연스럽게 써야 한다. 그래서 정자 쓰기의 생명은 세로획을 바르게 쓰는 것이다.

ㄱ	○표 부분에 약간 모를 죽이면서 똑바로 내려긋는다 ※ㅗ, ㅛ, ㅜ, ㅠ, ㅡ의 초성과 받침에 쓴다.				
ㄱ ㄱ					
ㄱ	○표 부분을 주의하며 점획을 찍는 기분으로 들어 쓴다. ※ㅏ, ㅑ, ㅓ, ㅕ, ㅣ앞 초성에 쓴다.				
ㄱ ㄱ					
ㄴ	경필을 대고 허리를 굽히다가 왼쪽으로 거슬러 접고 끝을 가볍게 쓴다.				
ㄴ ㄴ					
ㄴ	○표의 끝부분을 약간 쳐드는 기분으로 쓴다.				
ㄴ					

❀ 낱자자음(닿소리) 쓰기

ㄷ	2의 끝이 1보다 길어지지 않도록 하고 1과 2의 시작하는 곳을 떨어지지 않게 쓴다.						
ㄷ							
ㄴ	1은 짧게 약간 쳐드는 기분으로 쓰고 ○표 부분은 살짝 붙이되 2는 ㄴ처럼 쓴다.						
ㄷ							
ㄹ	ㄱ에 ㄷ을 합한 것으로 1과 2와 3의 가로획은 ○표 부분의 공간이 고르도록 쓴다.						
ㄹ							
ㄹ	ㄱ에 두 번째 ㄷ을 쓰는 법과 같이 쓰되 가로획은 ○표 부분의 공간이 고르도록 쓴다.						
ㄹ							
ㅁ	1과 2의 앞부분은 붙지 않게 쓰고 ○표 부분이 모나지 않게 하며 아래를 좁히지 않게 쓴다.						
ㅁ							

✿ 낱자자음(닿소리) 쓰기

ㅂ	1→2→3→4의 순서대로 쓰도록 주의하고 아래가 좁아지지 않게 쓴다.				
ㅂ					
ㅅ	1은 왼쪽 옆으로 삐치고 2는 끝부분에 힘을 주어 멈춘다.				
ㅅ					
ㅅ	1은 왼쪽 옆으로 삐치고 2는 약간 수직으로 내려 쓴다. ※ㅓ와 ㅕ의 초성(첫소리)에 쓴다.				
ㅅ					
ㅈ	1→2→3의 순서대로 쓰되 중심을 잘 맞추고 ○표 부분의 조화를 이루도록 쓴다.				
ㅈ					
ㅈ	1의 가로획이 다르고 2와 3은 ㅅ과 같이 중심을 맞추어 쓴다. ※ㅓ와 ㅕ의 초성(첫소리)에 쓴다.				
ㅈ					

❀ 낱자자음(닿소리) 쓰기

ㅊ	1의 점획은 2의 중심선에 오른쪽 아래로 긋고 2부터 4까지는 ㅈ과 같이 쓴다.				
ㅊ					
ㅊ	1의 점획은 2의 중심선에 오른쪽 아래로 긋고 ㅅ과 ㅈ쓰기와 같다. ※ㅓ와 ㅕ의 초성에 쓴다.				
ㅊ					
ㅋ	1은 ㄱ과 같은 방법과 같게 쓰되 2의 획은 위치를 주의하여 쓴다. ㅗ, ㅛ, ㅜ, ㅠ, ㅡ의 초성이나 받침에 쓴다.				
ㅋ					
ㅋ	1은 ㄱ과 같은 방법으로 쓰되 2의 획을 오른쪽 위로 향하듯이 쓴다. ※ㅏ, ㅑ, ㅓ, ㅕ, ㅣ 왼쪽에 쓴다.				
ㅋ					
ㅌ	1→2→3의 순서대로 쓰되 가로획의 사이 ○표 부분이 고르게 쓴다. ㅗ, ㅛ, ㅜ, ㅠ, ㅡ의 초성이나 받침에 쓴다.				
ㅌ					

❋ 낱자자음(닿소리) – 겹낱자(겹닿소리) 쓰기

ㅌ	1과 2의 사이 ○표 부분보다 2와 3의 ○표 부분을 더 넓게 쓴다. ※ㅏ, ㅑ, ㅣ의 왼쪽에 쓴다.				
ㅌ					
ㅍ	점선을 잘 보고 균형을 잡는다. ○표 부분이 붙지 않도록 1은 4보다 약간 짧게 쓴다.				
ㅍ					
ㅍ	1의 획은 약간 위로 휘듯이 쓴다. 4의 획은 약간 올려 쓴다. ※ㅏ, ㅑ, ㅣ의 왼쪽에 쓴다.				
ㅍ					
ㅎ	○표 부분의 공간을 고르게 잡아 쓴다.				
ㅎ					
ㄲ	앞의 1은 작게 약간 ㄱ을 변화시키고 2는 조금 크게 쓴다. ※ㅗ, ㅛ의 위에 쓴다.				
ㄲ					

✿ 겹닐자(겹닿소리) 쓰기

꺼	앞의 1은 작게 쓰고 2는 조금 더 크게 쓴다. ※ㅏ, ㅑ, ㅓ, ㅕ, ㅣ의 왼쪽에 쓴다.				
꺼					
ㄸ	앞의 ㄷ은 작게 쓰고 뒤의 ㄷ은 조금 더 크게 쓴다. ※ㅏ, ㅑ, ㅣ의 왼쪽에 쓴다.				
ㄸ					
ㅃ	앞의 ㅂ보다 뒤의 ㅂ을 조금 더 크게 쓴다. ※첫소리나 받침 등 모든 모음에 쓴다.				
ㅃ					
ㅆ	앞의 ㅅ보다 뒤의 ㅅ을 조금 더 크게 쓴다. ※ㅏ, ㅑ, ㅗ, ㅛ, ㅜ, ㅠ, ㅣ에 쓴다.				
ㅆ					
ㄶ	ㄴ을 위로 삐치고 ㄴ과 ㅎ을 반반씩 나누어 쓴다. ※받침에 쓴다.				
ㄶ					

❀ 낱자모음(홀소리) 쓰기

ㅏ	2의 점획은 1의 중간보다 약간 아래에서 수평의 방향으로 긋는다.					
ㅏ						
ㅑ	2의 점획은 1의 중간 지점에 3의 점획은 나머지 길이의 ½ 지점에 찍는다.					
ㅑ						
ㅓ	1의 점획은 2번 ㅣ획의 중간에 위치하도록 약간 위를 향하듯이 쓴다.					
ㅓ						
ㅕ	1과 2의 점획은 3번 ㅣ획을 3등분한 위치에 찍는다.					
ㅕ						
ㅗ	1의 점획은 2의 중심에서 시작하되 마무리는 중심보다 약간 오른쪽을 향하여 찍는다.					
ㅗ						

✿ 낱자모음(홀소리) 쓰기

ㅛ	1과 2의 점획은 서로 평행의 느낌으로 주고 1은 2보다 짧게 긋는다.					
ㅛ						
ㅜ	1의 가로획을 3등분해서 2의 획은 앞에서 약 ⅔ 정도에서 내려긋는다.					
ㅜ						
ㅠ	2와 3의 점획은 1의 가로획을 3등분한 위치에 쓰고 1은 2보다 약간 짧게 왼쪽으로 긋는다.					
ㅠ						
ㅡ	경필을 약간 위쪽으로 부드럽게 달리며 ○표시된 끝부분은 눌러 떼는 기분으로 쓴다.					
ㅡ						
ㅣ	ㅣ는 수직으로 바르게 내려가면서 끝을 가늘게 들어 쓴다.					
ㅣ						

✿ 낱자모음(홀소리) 쓰기

ㅐ	1과 3의 세로획은 똑바로 내려 긋고 2의 가로획은 1과 3의 중간 위치에 긋는다.					
ㅐ						
ㅔ	1을 먼저 중간 부분에 약간 올리듯이 쓰고 2와 3의 세로획은 똑바로 내려긋는다.					
ㅔ						
ㅚ	1의 점획은 2의 가로획 ⅓ 지점에 내리 긋고 2획은 3획의 중간에 붙여 쓴다.					
ㅚ						
ㅟ	1은 끝을 가벼이 들며 3의 중간 부분에 위치하도록 붙여 쓰고, 2는 1의 중간 부분에 쓴다.					
ㅟ						
ㅞ	ㅜ와 ㅔ가 붙지 않게 쓰고 2획은 1획의 중간부분에서 약간 왼쪽으로 가볍게 쓴다.					
ㅞ						

ㄱ	ㅋ	ㆁ	ㄷ	ㅌ
ㄴ	ㅂ	ㅍ	ㅁ	ㅈ
ㅊ	ㅅ	ㆆ	ㅎ	ㅇ

ㄹ	△	·	ㅡ	ㅣ
ㅗ	ㅏ	ㅜ	ㅓ	ㅛ
ㅑ	ㅠ	ㅕ		

근	쾌	끔	입	튼	침	즉	훙
뼌	땀	옷	실	싸	빡	쁨	혀
혀	과	홰	훜	낯	활	돌	갈
붇	긴	녑	낟	깁	묜	입	감
글	콩	뒤	담	납	볼	벌	파

폴	믜	마	자	체	채	숀	셤
힘	툭	폿	믈	깃	밀	피	키
논	톱	밥	낟	숫	울	닐	종
쇼	약	죽	엿	떨	벼	닥	독
갇	싣	신	섭	굽	범	심	잣

빗	곶	괴	여	괴	엿	소	다	쏘	다

됴ᇙ	빼	사	룸	우	케	러	울	서	에

고	티	두	텁	노	로	사	빙	드	븨

죠	히	부	헝	비	육	부	얌	므	릐

어	름	아	수	너	싀	드	리	ᄀ	래

발	측	그	럭	드	레	호	미	벼	로
이	아	사	솜	눅	에	긎	리	브	섭
서	리	버	들	고	욤	삽	됴	남	샹
다	야	쟈	감	율	믜	슈	룹	쥬	련
굼	벙	올	창	엉	의	갗	못	돌	별

가	가		잤	잤		갬	갬	
각	각		강	강		갭	갭	
간	간		갖	갖		갯	갯	
갇	갇		갗	갗		갰	갰	
갈	갈		같	같		갱	갱	
갉	갉		갚	갚		갸	갸	
갊	갊		갛	갛		갹	갹	
감	감		개	개		갼	갼	
갑	갑		갞	갞		걀	걀	
값	값		갠	갠		걌	걌	
갓	갓		걜	걜		걍	걍	

난
날
남
냥
너
넉
넜
넌
널
넓
넙

너
벅
변
널
법
벗
벘
벙
나
낙

넑
넒
남
넙
낫
났
냥
낮
낯
낱
냥

덖	덖		덮	덮		뎐	뎐	
던	던		데	데		뎔	뎔	
덜	덜		덱	덱		뎠	뎠	
덜	덜		덴	덴		뎡	뎡	
덞	덞		델	델		뎨	뎨	
덟	덟		뎀	뎀		뎬	뎬	
덤	덤		뎁	뎁		도	도	
덥	덥		덧	덧		독	독	
덧	덧		뎄	뎄		돈	돈	
덩	덩		뎅	뎅		돌	돌	
덫	덫		뎌	뎌		돌	돌	

랜	랜		랑	랑		레	레	
랠	랠		러	러		렉	렉	
램	램		럭	럭		렌	렌	
랩	랩		런	런		렐	렐	
랫	랫		럴	럴		렘	렘	
랬	랬		럼	럼		렙	렙	
랭	랭		럽	럽		렛	렛	
라	라		럿	럿		렝	렝	
락	락		렀	렀		려	려	
란	란		렁	렁		력	력	
랏	랏		렇	렇		련	련	

맴	맴		먹	먹		먹	먹
맵	맵		먼	먼		먼	먼
맷	맷		멀	멀		멜	멜
맸	맸		멂	멂		멤	멤
맹	맹		멈	멈		멥	멥
맺	맺		멉	멉		멧	멧
먀	먀		멋	멋		멨	멨
막	막		멍	멍		멩	멩
말	말		멎	멎		며	며
망	망		멓	멓		멱	멱
머	머		메	메		면	면

뱄	뱄		벌	벌		벨	벨	
뱅	뱅		볾	볾		벰	벰	
뱉	뱉		범	범		법	법	
뱌	뱌		법	법		벗	벗	
뱍	뱍		벗	벗		벘	벘	
뱐	뱐		벙	벙		벙	벙	
밥	밥		벗	벗		벼	벼	
벼	벼		베	베		벽	벽	
벅	벅		벡	벡		변	변	
번	번		벤	벤		별	별	
벋	벋		벤	벤		법	법	

샘	샘		샷	샷		선	선	
샙	샙		상	상		섣	섣	
샛	샛		셔	셔		설	설	
샜	샜		션	션		섦	섦	
생	생		셜	셜		섧	섧	
샤	샤		샘	샘		섬	섬	
샥	샥		생	생		섭	섭	
샨	샨		서	서		섯	섯	
샬	샬		석	석		섰	섰	
샴	샴		섞	섞		성	성	
샵	샵		섟	섟		섶	섶	

아	아		앗	앗		앳	앳	
악	악		았	았		앴	앴	
안	안		앙	앙		앵	앵	
앉	앉		앝	앝		야	야	
않	않		앞	앞		약	약	
알	알		애	애		얀	얀	
읽	읽		액	액		얄	얄	
읾	읾		앤	앤		얇	얇	
앓	앓		앨	앨		얌	얌	
암	암		앰	앰		얍	얍	
압	압		앱	앱		얏	얏	

쟉	쟉		젼	젼		젤	젤	
잔	잔		졀	졀		젬	젬	
쟝	쟝		졈	졈		졉	졉	
쟐	쟐		졈	졈		젯	젯	
쟘	쟘		졉	졉		졩	졩	
쟝	쟝		젓	젓		져	져	
쟤	쟤		졍	졍		젼	젼	
쟨	쟨		젓	젓		졀	졀	
쟬	쟬		졔	졔		졈	졈	
져	져		졕	졕		졉	졉	
젹	젹		졘	졘		졌	졌	

찰	찰		챔	챔		처	처	
참	참		챕	챕		척	척	
찹	찹		챗	챗		천	천	
찻	찻		챘	챘		철	철	
찼	찼		챙	챙		첨	첨	
창	창		챠	챠		첩	첩	
찾	찾		챤	챤		첫	첫	
채	채		챵	챵		쳤	쳤	
책	책		챨	챨		청	청	
챈	챈		챰	챰		체	체	
챌	챌		챵	챵		책	책	

컬	컬		켑	켑		켸	켸	
컴	컴		켯	켯		코	코	
컵	컵		켱	켱		콕	콕	
컷	컷		켜	켜		콘	콘	
컸	컸		켠	켠		콜	콜	
컹	컹		켤	켤		콤	콤	
케	케		켬	켬		콥	콥	
켁	켁		켭	켭		콧	콧	
켄	켄		켯	켯		콩	콩	
켈	켈		켰	켰		콰	콰	
켐	켐		켱	켱		콱	콱	

탯	탯		텁	텁		텡	텡	
탰	탰		텃	텃		텨	텨	
탱	탱		텄	텄		텬	텬	
탸	탸		텅	텅		텼	텼	
탹	탹		테	테		톄	톄	
텨	텨		텍	텍		톈	톈	
턱	턱		텐	텐		토	토	
턴	턴		텔	텔		톡	톡	
털	털		텀	텀		톤	톤	
턺	턺		텁	텁		톨	톨	
텁	텁		텟	텟		톰	톰	

팠	팠		팽	팽		펑	펑	
팡	팡		파	파		페	페	
팥	팥		팍	팍		픽	픽	
퍼	퍼		퍼	퍼		편	편	
팩	팩		픽	픽		펠	펠	
팬	팬		펀	펀		펌	펌	
팰	팰		펄	펄		펩	펩	
팸	팸		펌	펌		펫	펫	
팹	팹		펍	펍		펑	펑	
팻	팻		팻	팻		퍼	퍼	
팼	팼		팼	팼		편	편	

험 협 헛 헝 혜 혁 헨 헬 헴 헵 헷

햅 햇 했 행 햐 향 허 혁 헌 혈 험

할 핥 함 합 핫 항 해 핵 핸 핼 햄

불휘 기픈 남군

글쓴이: 정인지 등

불	휘		기	픈		남	군		브	큰
불	휘		기	픈		남	군		브	큰
불	휘		기	픈		남	군		브	큰

매		아	니		뮐	씨		곶		됴
매		아	니		뮐	씨		곶		됴
매		아	니		뮐	씨		곶		됴

코		여	름		하	ᄂ	니	/	시	미
코		여	름		하	ᄂ	니		시	미
코		여	름		하	ᄂ	니		시	미

기픈 므른 ᄀᆞᄆᆞ래 아

니 그츨씨 내히 이러

바ᄅᆞ래 가ᄂᆞ니

용비어천가(龍飛御天歌)
조선 초기 세종 27년(1445) 편찬되어 세종 29년(1447)에 발간된 악장·서사시다. 세종대왕
이 훈민정음을 창제한 뒤 훈민정음을 시험하기 위해 권제와 정인지, 안지 등에게 맡겨 펴낸
훈민정음으로 쓰인 최초의 책이다.

글쓴이소개

하여가

글쓴이: 이방원

이	런	들		어	떠	하	며		저	런
이	런	들		어	떠	하	며		저	런
이	런	들		어	떠	하	며		저	런

들		어	떠	하	리	/	만	수	산	
들		어	떠	하	리		만	수	산	
들		어	떠	하	리		만	수	산	

드	렁	칡	이		얽	혀	진	들		어
드	렁	칡	이		얽	혀	진	들		어
드	렁	칡	이		얽	혀	진	들		어

떠	하	리	/	우	리	도		이	같	이
떠	하	리		우	리	도		이	같	이
떠	하	리		우	리	도		이	같	이

읽	혀	져		백	년	까	지		누	리
읽	혀	져		백	년	까	지		누	리
읽	혀	져		백	년	까	지		누	리

리	라			태	종		이	방	원
리	라			태	종		이	방	원
리	라			태	종		이	방	원

글쓴이소개

이방원(李芳遠 1367~1433)
이성계의 다섯째 아들. 조선 3代 왕 태종으로서 역성혁명에 주동적인 역할을 하였다. 개국 후에는 왕위를 차지하고자 두 번이나 피비린내 나는 '왕자의 난'을 일으켜 골육을 나눈 형제들을 무참하게 죽이고 생사를 같이해 온 개국 공신들을 마구 주살하였다.

단심가

글쓴이: 정몽주

이	몸 이	죽 고	죽 어
이	몸 이	죽 고	죽 어
이	몸 이	죽 고	죽 어

일 백	번	고 쳐	죽 어 /
일 백	번	고 쳐	죽 어
일 백	번	고 쳐	죽 어

백 골 이	진 토 되 어	넋 이
백 골 이	진 토 되 어	넋 이
백 골 이	진 토 되 어	넋 이

라	도		있	고	없	고	/	님
라	도		있	고	없	고		님
라	도		있	고	없	고		님

향	한		일	편	단	심	이	야		가
향	한		일	편	단	심	이	야		가
향	한		일	편	단	심	이	야		가

실		줄	이		있	으	라
실		줄	이		있	으	라
실		줄	이		있	으	라

정몽주(鄭夢周 1338~1392)
고려 말의 학자이자 관리. 영천 출신이다. 본관은 연일, 호는 포은(圃隱)이다. 조선 건국 직
전인 1392년 4월 26일 이성계와 신진사대부들의 역성혁명에 반대하다 이방원의 지시를
받은 조영규에 의해 선죽교에서 살해 당한다.

글쓴이소개

방안에 혓는 촉불

글쓴이: 이개

방	안	에	헛	는	촉 불	눌
방	안	에	헛	는	촉 불	눌
방	안	에	헛	는	촉 불	눌

과	이 별	하	엿	관 대 /	겉	으
과	이 별	하	엿	관 대	겉	으
과	이 별	하	엿	관 대	겉	으

로	눈 물	지	고	속 타	는
로	눈 물	지	고	속 타	는
로	눈 물	지	고	속 타	는

줄		모	르	는	고	/	저		촉	불
줄		모	르	는	고		저		촉	불
줄		모	르	는	고		저		촉	불

날	과		같	아	서		속	타	는
날	과		같	아	서		속	타	는
날	과		같	아	서		속	타	는

줄		모	르	도	다			이	개
줄		모	르	도	다			이	개
줄		모	르	도	다			이	개

글쓴이소개

이개(李塏 1417~1456)
조선 전기의 문신. 직제학을 지냈으며, 시문이 청절하고 글씨를 잘 썼다. 훈민정음 해례본에 참여한 집현전의 학사이다. 사육신의 한 사람으로, 세조 2년(1456)에 단종의 복위를 꾀하다 발각되어 처형되었다.

간밤에 불던 바람에

글쓴이: 유응부

간	밤	에		불	던		바	람	에
간	밤	에		불	던		바	람	에
간	밤	에		불	던		바	람	에

눈		서	리		치	단		말	가 /
눈		서	리		치	단		말	가
눈		서	리		치	단		말	가

낙	락	장	송	이		다		기	울	어
낙	락	장	송	이		다		기	울	어
낙	락	장	송	이		다		기	울	어

지 단 말 가 / 하 물 며 못

다 편 꽃 이 야 일 러

무 삼 하 리 요   유 응 부

유응부(兪應孚. ?~1456)
사육신 중 유일한 무관. 평안도절제사·동지중추원사 역임. 사육신의 한 사람으로 유학에 조예가 깊었으며, 숙종 때 병조 판서에 추증되었다. 시조 3수가 전한다. 명 사신 초대연에서 세조 살해를 맡았다. 청렴결백하여 끼니를 굶는 재상으로서, 멍석으로 방을 가리고 살았다고 전해진다.

글쓴이소개

금생여수라 한들

글쓴이: 박팽년

금	생	여	수	라		한	들		물	마
금	생	여	수	라		한	들		물	마
금	생	여	수	라		한	들		물	마

다		금	이		나	며	/	옥	출	곤
다		금	이		나	며		옥	출	곤
다		금	이		나	며		옥	출	곤

강	이	라		한	들		뫼	마	다	
강	이	라		한	들		뫼	마	다	
강	이	라		한	들		뫼	마	다	

옥이 날쏘냐 / 아무리

옥이 날쏘냐 아무리
옥이 날쏘냐 아무리

사랑이 중타 한들 임

사랑이 중타 한들 임
사랑이 중타 한들 임

마다 쫓으라 박팽년

마다 쫓으라 박팽년
마다 쫓으라 박팽년

글쓴이소개

박팽년(朴彭年 1417~1456)
훈민정음 해례본 집필자인 집현전 학사이다. 세조 찬탈 때 경회루 못에 자살하려다 성삼문의 만류로 미수. 세조 2년(1456) 형조참판으로 단종 복위를 꾀하다 처형되었다. 사육신 중한 사람이다.

삭풍은 나무 끝에 불고

글쓴이: 김종서

삭	풍	은		나	무		끝	에		불
삭	풍	은		나	무		끝	에		불
삭	풍	은		나	무		끝	에		불

고		명	월	은		눈	속	에		찬
고		명	월	은		눈	속	에		찬
고		명	월	은		눈	속	에		찬

데	/	만	리	변	성	에		일	장	검
데		만	리	변	성	에		일	장	검
데		만	리	변	성	에		일	장	검

짚고 서서 / 긴 파람

짚고 서서 긴 파람
짚고 서서 긴 파람

큰 한소리에 거칠 것

큰 한소리에 거칠 것
큰 한소리에 거칠 것

이 없세라 김종서

이 없세라 김종서
이 없세라 김종서

글쓴이소개

김종서(金宗瑞 1383~1453)
조선의 세종에게 총애를 받던 명장으로, 3代 태종 때 등제하고 세종 때에는 도절도사로서 함경도의 육진을 개척하고, 여진족을 물리치고 두만강 이남을 확보하였다. 5代 문종의 고 명을 받아 우의정으로서 어린 임금 단종을 돕다가 수양대군에게 가장 먼저 죽임을 당했다.

선인교 나린 물이

글쓴이: 정도전

선인교	나린	물이	자
선인교	나린	물이	자
선인교	나린	물이	자

하동에	흐르르니 /	반천
하동에	흐르르니	반천
하동에	흐르르니	반천

년	왕업이	물소리	뿐
년	왕업이	물소리	뿐
년	왕업이	물소리	뿐

이로다 / 아희야　고국흥
이로다　아희야　고국흥
이로다　아희야　고국흥

망을　물어　무삼　하리
망을　물어　무삼　하리
망을　물어　무삼　하리

요　　개국공신　정도전
요　　개국공신　정도전
요　　개국공신　정도전

글쓴이소개

정도전(鄭道傳 ?~1398)
젊어서부터 학문을 즐겨 일찍이 이색의 문하에서 수학하였으며, 고려 공민왕때에 등과하
여 벼슬을 지냈다. 이태조가 왕위에 오르자 개국공신훈 1등을 받고 관직이 삼도도통사에
이르렀다. 제1차 왕자의 난 때 이방원의 칼 밑에 쓰러졌다. 호는 삼봉이다.

들은 말 즉시 잊고

글쓴이: 송인

들은	말	즉시	잊고
들은	말	즉시	잊고
들은	말	즉시	잊고

분	일	못	본	듯이 /
분	일	못	본	듯이
분	일	못	본	듯이

내	인사	이러하매	남
내	인사	이러하매	남
내	인사	이러하매	남

의 시비 모르노라 / 다

의 시비 모르노라 다

의 시비 모르노라 다

만 지 손이 성하니 잔

만 지 손이 성하니 잔

만 지 손이 성하니 잔

잡기만 하리라 송인

잡기만 하리라 송인

잡기만 하리라 송인

글쓴이소개

송인(宋寅 1517~1584)
조선 초기~중기의 학자이자 서예가이다. 사람됨이 단정하고 순수하고 근실하였으며 화화로운 환경에서도 가난한 사람처럼 살았다. 계모를 지성으로 섬겨 효도로 이름났다. 거상(居喪) 때에 잘 견디지 못할까 미리 걱정하여 평상시에 하루걸러 담박한 음식을 먹었다.

태산이 높다 하되

글쓴이: 양사언

태	산	이		높	다		하	되		하
태	산	이		높	다		하	되		하
태	산	이		높	다		하	되		하

늘		아	래		뫼	이	로	다	/	오
늘		아	래		뫼	이	로	다		오
늘		아	래		뫼	이	로	다		오

로	고		또		오	르	면		못
로	고		또		오	르	면		못
로	고		또		오	르	면		못

오를	리	없건마는	/ 사
오를	리	없건마는	사
오를	리	없건마는	사

람이	제	아니	오르고
람이	제	아니	오르고
람이	제	아니	오르고

뫼만	높다	하더라
뫼만	높다	하더라
뫼만	높다	하더라

글쓴이소개

양사언(楊士彦 1517~1584)

조선 초기와 중기의 문신이자 서예가로, 호방한 성품에 도인과 같은 면모를 지녔다고 전해지며 금강산을 비롯한 명승을 유람하며 그 감흥을 글씨로 남겼다. 그는 초서와 해서를 특히 잘 썼다.

나 라 의　말 이　중 국 과

달 라 서　문 자 로 는　서 로

통 하 지　아 니 하 므 로　이

런　까 닭 으 로　어 리 석 은

백 성 이　말 하 고 자　하 는

바 가　있 어 도　끝 내　제

뜻 을　나 타 내 지　못 하 는

사	람	이		많	다		내		이	를

불	쌍	히		여	겨		새	로		스

물	여	덟		글	자	를			만	드	니

사	람	마	다		하	여	금		쉽	게

익	혀	서		날	마	다		쓰	기	에

편	하	게		하	고	자		할		따

름	이	니	라

世	솅	宗	종	御	엉	製	졩		
訓	훈	民	민	正	졍	音	흠		
나	랏	말	ᄊ	미	中	듕	國	귁	에
달	아	文	문	字	쫑	와	로	서	르
ᄉ	뭇	디	아	니	흘	ᄊ	이	런	젼
ᄎ	로	어	린	百	빅	姓	셩	이	니
르	고	져	홇	배	이	셔	도	ᄆ	춤

내	제	ᄠᅳ들	시	러	펴	디	몯	ᄒᆞᆶ	
노	미	하	니	라	내	이	를	為윙	
ᄒᆞ	야	어	엿	비	너	겨	새	로	스
믈	여	듧	字쭝	를	밍	ᄀ	노	니	
사	ᄅᆞᆷ	마	다	히	ᅇᅧ	수	비	니	겨
날	로	뿌	메	便뼌	安한	킈	ᄒᆞ		
고	져	ᄒᆞᆶ	ᄯᆞ	ᄅᆞ	미	니	라		

ㄱ	ᄂᆞᆫ	엄	쏘	리	니	君	군	ㄷ	字
쫑	처	엄	펴	아	나	ᄂᆞᆫ	소	리	ㄱ
ㅌ	니	글	밧	쓰	면	虯	끃	ᄫ	字
쫑	처	엄	펴	아	나	ᄂᆞᆫ	소	리	ㄱ
ㅌ	니	라		ㅋ	ᄂᆞᆫ	엄	쏘	리	니
快	쾡	ㆆ	字	쫑	처	엄	펴	아	나
ᄂᆞᆫ	소	리	ㄱ	ㅌ	니	라		ㆁ	ᄂᆞᆫ

엄	쏘	리	니	業	업	字	쫑	처	엄
퍼	아	나	는	소	리	ㄱ	ㅌ	니	라
	ㄷ	는	혀	쏘	리	니	斗	둡	빙
字	쫑	처	엄	퍼	아	나	는	소	리
ㄱ	ㅌ	니	글	밤	쓰	면	覃	땀	ㅂ
字	쫑	처	엄	퍼	아	나	는	소	리
ㄱ	ㅌ	니	라			ㅌ	는	혀	쏘	리

니	呑	튼	ㄷ	字	쫑	처	엄	펴	아
나	는	소	리	ㄱ	트	니	라		ㄴ
는	혀	쏘	리	니	那	낭	ㆁ	字	쫑
처	엄	펴	아	나	는	소	리	ㄱ	트
니	라		ㅂ	는	입	시	울	쏘	리
니	彆	볋	字	쫑	처	엄	펴	아	나
는	소	리	ㄱ	트	니	글	밧	쓰	면

步	뽕	ㆆ	字	쫑	처	섬	펴	아	나
는	소	리	ㄱ	ㅌ	니	라		ㅍ	는
입	시	울	쏘	리	니	漂	푤	ㅸ	字
쫑	처	섬	펴	아	나	는	소	리	ㄱ
ㅌ	니	라		ㅁ	는	입	시	울	쏘
리	니	彌	밍	ㆆ	字	쫑	처	섬	펴
아	나	는	소	리	ㄱ	ㅌ	니	라	

ㅈ	는	니	쏘	리	니	即	즉	字	쫑
처	섬	펴	아	나	는	소	리	ㄱ	ㅌ
니	글	밝	쓰	면	慈	쫑	ㆆ	字	쫑
처	섬	펴	아	나	는	소	리	ㄱ	ㅌ
니	라		ㅊ	는	니	쏘	리	니	侵
침	ㅂ	字	쫑	처	섬	펴	아	나	는
소	리	ㄱ	ㅌ	니	라		ㅅ	는	니

쏘	리	니	戌	슗	字	쭝	처	섬	펴
아	나	는	소	리	ㄱ	ᄐ	니	글	밤
쓰	면	邪	썅	ᅙ	字	쭝	처	섬	펴
아	나	는	소	리	ㄱ	ᄐ	니	라	
ᅙ	는	목	소	리	니	挹	흡	字	쭝
처	섬	펴	아	나	는	소	리	ㄱ	ᄐ
니	라		ᅙ	는	목	소	리	니	虛

헝 ㅎ 字 쫑 처 엄 펴 아 나 는

소 리 ㄱ 틔 니 글 바 쓰 면 洪

흥 ㄱ 字 쫑 처 엄 펴 아 나 는

소 리 ㄱ 틔 니 라 ㅇ 는 목

소 리 니 欲 욕 字 쫑 처 엄 펴

아 나 는 소 리 ㄱ 틔 니 라

ㄹ 는 半 반 혀 쏘 리 니 閭 령

ㅎ 字쫑 처 섬 퍼 아 나 는 소

리 ㄱ ㄷ 니 라　　ㅿ 는 半반

니 쏘 리 니 穰샹 ㄱ 字쫑 처

섬 퍼 아 나 는 소 리 ㄱ ㄷ 니

라

、	는	呑	툰	ㄷ	字	쫑	가	온	딧
소	리	ㄱ	틋	니	라			ㅡ	는	即
즉	字	쫑	가	온	딧	소	리	ㄱ	틋
니	라		ㅣ	는	侵	침	ㅂ	字	쫑
가	온	딧	소	리	ㄱ	틋	니	라	
ㅗ	는	洪	薨	ㄱ	字	쫑	가	온	딧
소	리	ㄱ	틋	니	라			ㅏ	는	覃

땀 ㅂ 字 쭝 가 온 딧 소 리 ㄱ

ㅌ 니 라　ㄱ 는 君 군 ㄷ 字

쭝 가 온 딧 소 리 ㄱ ㅌ 니 라

ㅓ 는 業 업 字 쭝 가 온 딧

소 리 ㄱ ㅌ 니 라　ㅛ 는 欲

욕 字 쭝 가 온 딧 소 리 ㄱ ㅌ

니 라　ㅑ 는 穰 샹 ㄱ 字 쭝

가	온	딧	소	리	ㄱ	ㅌ	ㄴ	라

ㄲ	는	戌	슗	字	쫑	가	온	딧	소

리	ㄱ	ㅌ	ㄴ	라		ㅕ	는	彆	볋

字	쫑	가	온	딧	소	리	ㄱ	ㅌ	ㄴ

라		乃	냉	終	즁	ㄱ	소	리	는

다	시	첫	소	리	를	쓰	ㄴ	니	라

	ㅇ	를	입	시	울	쏘	리	아	래

니 ᄲᅥ 쓰 면 입 시 울 가 비 야

빈 소 리 ᄃ 외 ᄂ 니 라 　 첫

소 리 를 어 울 워 ᄣᅳᆼ 디 면 글

방 쓰 라 乃 냉 終 즁 ㄱ 소 리

도 ᄒᆞᆫ 가 지 라 　 、 와 一 와

ㅗ 와 ㅜ 와 ㅛ 와 ㅠ 와 란 첫

소 리 아 래 브 텨 쓰 고 　 ㅣ

와	ㅏ	와	ㅓ	와	ㅑ	와	ㅕ	와	란
올	흔	녀	긔	브	텨	쓰	라		믈
윗	字	쭝	ㅣ	모	로	매	어	우	러
사	소	리	이	ᄂ	니			윈	녀 긔
흔	點	뎜	을	더	으	면	뭇	노	픈
소	리	오		點	뎜	이	둘	히	면
上	쌍	聲	셩	이	오		點	뎜	이

업	스	면	平 병	聲 성	이	오		
入 십	聲 성	은	點 뎜	더	우	믄		
흔	가	지	로	디	샌	르	니	라
中 듕	國 귁	소	리	옛	니	쏘	리	
는	齒 칭	頭 뚤	와	正 정	齒 칭			
왜	글	히	요	미	잇	ㄴ	니	ㅈ
ㅊ	ㅉ	ㅅ	ㅆ	字 쫑	는	齒 칭	頭	

뜯	ㅅ	소	리	예	쓰	고		ㅈ	ㅊ
ㅉ	ㅅ	ㅆ	字 쫑	ᄂᆞᆫ	正 졍	齒 칭			
ㅅ	소	리	예	쓰	ᄂᆞ	니		엄	과
혀	와	입	시	울	와	목	소	리	옛
字 쫑	ᄂᆞᆫ	中 듕	國 귁	소	리	예			
通 통	히	쓰	ᄂᆞ	니	라				
訓 훈	民 민	正 졍	音 흠						

訓	民	正	音						

國	之	語	音	異	乎	中	國	與	文	字

不	相	流	通	故	愚	民	有	所	欲	言

而	終	不	得	伸	其	情	者	多	矣	予

爲	此	憫	然	新	制	二	十	八	字	欲

使	人	人	易	習	便	於	日	用	耳	

ㄱ	牙	音	如	君	字	初	發	聲	

	並	書	如	虯	字	初	發	聲	
ㅋ	牙	音	如	快	字	初	發	聲	
ㆁ	牙	音	如	業	字	初	發	聲	
ㄷ	舌	音	如	斗	字	初	發	聲	
	並	書	如	覃	字	初	發	聲	
ㅌ	舌	音	如	呑	字	初	發	聲	
ㄴ	舌	音	如	那	字	初	發	聲	

ㅂ	脣	音	如	彆	字	初	發	聲
	並	書	如	步	字	初	發	聲
ㅍ	脣	音	如	漂	字	初	發	聲
ㅁ	脣	音	如	彌	字	初	發	聲
ㅈ	齒	音	如	即	字	初	發	聲
	並	書	如	慈	字	初	發	聲
ㅊ	齒	音	如	侵	字	初	發	聲

ㅅ	齒	音	如	戌	字	初	發	聲	
	並	書	如	邪	字	初	發	聲	
ㆆ	喉	音	如	挹	字	初	發	聲	
ㅎ	喉	音	如	虛	字	初	發	聲	
	並	書	如	洪	字	初	發	聲	
ㅇ	喉	音	如	欲	字	初	發	聲	
ㄹ	半	舌	音	如	閭	字	初	發	聲

△	半	齒	音	如	穰	字	初	發	聲	

·	如	吞	字	中	聲					

ㅡ	如	即	字	中	聲

ㅣ	如	侵	字	中	聲

ㅗ	如	洪	字	中	聲

ㅏ	如	覃	字	中	聲

ㅜ	如	君	字	中	聲

ㅓ	如	業	字	中	聲					

ㅛ	如	欲	字	中	聲					

ㅑ	如	穰	字	中	聲					

ㅠ	如	戌	字	中	聲					

ㅕ	如	彆	字	中	聲					

終	聲	復	用	初	聲	○	連	書	脣	音

之	下	則	爲	脣	輕	音	初	聲	合	用

則	並	書	終	聲	同	·	一	ㅗ	ㅜ	ㅛ
ㅠ	附	書	初	聲	之	下	ㅣ	ㅏ	ㅓ	ㅑ
ㅕ	附	書	於	右	凡	字	必	合	而	成
音	左	加	一	點	則	去	聲	二	則	上
聲	無	則	平	聲	入	聲	加	點	同	而
促	急									

有	天	地	自	然	之	聲	則	必	有	天
地	自	然	之	文	所	以	古	人	因	聲
制	字	以	通	萬	物	之	情	以	載	三
才	之	道	而	後	世	不	能	易	也	然
四	方	風	土	區	別	聲	氣	亦	隨	而
異	焉	盖	外	國	之	語	有	其	聲	而
無	其	字	假	中	國	之	字	以	通	其

用	是	猶	枘	鑿	之	鉏	鋙	也	豈	能
達	而	無	礙	乎	要	皆	各	隨	所	處
而	安	不	可	强	之	使	同	也	吾	東
方	禮	樂	文	章	侔	擬	華	夏	但	方
言	俚	語	不	與	之	同	學	書	者	患
其	旨	趣	之	難	曉	治	獄	者	病	其
曲	折	之	難	通	昔	新	羅	薛	聰	始

作 吏 讀 官 府 民 間 至 今 行 之

然 皆 假 字 而 用 或 澁 或 窒 非

但 鄙 陋 無 稽 而 已 至 於 言 語

之 間 則 不 能 達 其 萬 一 焉

癸 亥 冬 我 　 殿 下 創 制 正 音

二 十 八 字 略 揭 例 義 以 示 之

名 曰 訓 民 正 音 象 形 而 字 倣

古	篆	因	聲	而	音	叶	七	調	三	極
之	義	二	氣	之	妙	莫	不	該	括	以
二	十	八	字	而	轉	換	無	窮	簡	而
要	精	而	通	故	智	者	不	終	朝	而
會	愚	者	可	浹	旬	而	學	以	是	解
書	可	以	知	其	義	以	是	聽	訟	可
以	得	其	情	字	韻	則	清	濁	之	能

辨	樂	歌	則	律	呂	之	克	諧	無	所
用	而	不	備	無	所	往	而	不	達	雖
風	聲	鶴	唳	雞	鳴	狗	吠	皆	可	得
而	書	矣	遂		命	詳	加	解	釋	以
喩	諸	人	於	是	臣	與	集	賢	殿	應
教	臣	崔	恒	副	校	理	臣	朴	彭	年
臣	申	叔	舟	修	撰	臣	成	三	問	敦

寧 府 注 簿 臣 姜 希 顔 行 集 賢

殿 副 修 撰 臣 李 塏 臣 李 善 老

等 謹 作 諸 解 及 例 以 敍 其 梗

槪 庶 使 觀 者 不 師 而 自 悟 若

其 淵 源 精 義 之 妙 則 非 臣 等

之 所 能 發 揮 也 恭 惟 我 　 殿

下 天 縱 之 聖 制 度 施 爲 超 越

百	王	正	音	之	作	無	所	祖	述	而
成	於	自	然	豈	以	其	至	理	之	無
所	不	在	而	非	人	爲	之	私	也	夫
東	方	有	國	不	爲	不	久	以	開	物
成	務	之		大	智	盖	有	待	於	今
日	也	歟	正	統	十	一	年	九	月	上
澣	資	憲	大	夫	禮	曹	判	書	集	賢

殿	大	提	學	知	春	秋	館	事		世
子	右	賓	客	臣	鄭	麟	趾	拜	手	稽
首	謹	書					訓	民	正	音

ㄱ 가 각 간 갇 갈 갉 갊 감 갑 값 갓 갔 강 갖 갗 같 갚 갛 개 객 갠 갤 갬
갭 갯 갰 갱 갸 갹 갼 걀 걋 걍 개 걘 걜 거 걱 건 걷 걸 걺 검 겁 것 겄 겅
겆 겉 겊 겋 게 겐 겔 겜 겝 겟 겠 겡 겨 격 겪 견 겯 결 겸 겹 겻 겼 경 곁
계 곈 곌 곕 곗 고 곡 곤 곧 골 곪 곬 곯 곰 곱 곳 공 곶 과 곽 관 괄 괆 괌
괍 괏 광 괘 괜 괠 괩 괬 괭 괴 괵 괸 괼 굄 굅 굇 굉 교 굔 굘 굡 굣 구 국
군 굳 굴 굵 굶 굻 굼 굽 굿 궁 궂 궈 궉 권 궐 궜 궝 궤 궷 귀 귁 귄 귈 귐
귑 귓 규 균 귤 그 극 근 귿 글 긁 금 급 긋 긍 긔 기 긱 긴 긷 길 긹 김 깁
깃 깅 깆 깊 까 깍 깎 깐 깔 깖 깜 깝 깟 깠 깡 깥 깨 깩 깬 깰 깸 깹 깻 깼
깽 꺄 꺅 꺌 꺼 꺽 꺾 껀 껄 껌 껍 껏 껐 껑 께 껙 껜 껨 껫 껭 껴 껸 껼 꼇
꼈 꼍 꼐 꼬 꼭 꼰 꼲 꼴 꼼 꼽 꼿 꽁 꽂 꽃 꽈 꽉 꽐 꽜 꽝 꽤 꽥 꽹 꾀 꾄
꾈 꾐 꾑 꾕 꾜 꾸 꾹 꾼 꿀 꿇 꿈 꿉 꿋 꿍 꿎 꿔 꿜 꿨 꿩 꿰 꿱 꿴 꿸 뀀
뀁 뀄 뀌 뀐 뀔 뀜 뀝 뀨 끄 끅 끈 끊 끌 끎 끓 끔 끕 끗 끙 끝 끼 끽 낀 낄
낌 낍 낏 낑 **ㄴ** 나 낙 낚 난 낟 날 낡 낢 남 납 낫 났 낭 낮 낯 낱 낳 내 낵
낸 낼 냄 냅 냇 냈 냉 냐 냑 냔 냘 냠 냥 너 넉 넋 넌 넏 널 넒 넓 넘 넙 넛 넜
넝 넣 네 넥 넨 넬 넴 넵 넷 넸 넹 녀 녁 년 녈 념 녑 녔 녕 녘 녜 녠 노 녹
논 놀 놂 놈 놉 놋 농 높 놓 놔 놘 놜 놨 뇌 뇐 뇔 뇜 뇝 뇟 뇨 뇩 뇬 뇰 뇹
놋 뇽 누 눅 눈 눋 눌 눔 눕 눗 눙 눠 눴 눼 뉘 뉜 뉠 뉨 뉩 뉴 뉵 뉼 늄 늅
늉 느 늑 는 늘 늙 늚 늠 늡 늣 능 늦 늪 늬 늰 늴 니 닉 닌 닐 닒 님 닙 닛
닝 닢 **ㄷ** 다 닥 닦 단 닫 달 닭 닮 닯 닳 담 답 닷 닸 당 닺 닻 닿 대 댁 댄
댈 댐 댑 댓 댔 댕 댜 더 덕 덖 던 덛 덜 덞 덟 덤 덥 덧 덩 덫 덮 데 덱 덴
델 뎀 뎁 뎃 뎄 뎅 뎌 뎐 뎔 뎠 뎡 뎨 뎬 도 독 돈 돋 돌 돎 돐 돔 돕 돗 동
돛 돝 돠 돤 돨 돼 됐 되 된 될 됨 됩 됫 됴 두 둑 둔 둘 둠 둡 둣 둥 둬 뒀
뒈 뒝 뒤 뒨 뒬 뒵 뒷 뒹 듀 듄 듈 듐 듕 드 득 든 듣 들 듦 듬 듭 듯 등 듸
디 딕 딘 딛 딜 딤 딥 딧 딨 딩 딪 따 딱 딴 딸 땀 땁 땃 땄 땅 땋 때 땍 땐

땔 땜 땝 땟 땠 땡 떠 떡 떤 떨 떪 떫 떰 떱 떳 떴 떵 떻 떼 떽 뗀 뗄 뗌 뗍
뗏 뗐 뗑 뗘 뗬 또 똑 똔 똘 똥 똬 똴 뙈 뙤 뙨 뚜 뚝 뚠 뚤 뚫 뚬 뚱 뛔 뛰
뛴 뛸 뜀 뜁 뜅 뜨 뜩 뜬 뜯 뜰 뜸 뜹 뜻 띄 띈 띌 띔 띕 띠 띤 띨 띰 띱 띳
띵 ㄹ라 락 란 랄 람 랍 랏 랐 랑 랒 랖 랗 래 랙 랜 랠 램 랩 랫 랬 랭 랴
략 랸 럇 량 러 럭 런 럴 럼 럽 럿 렀 렁 렇 레 렉 렌 렐 렘 렙 렛 렝 려 력
련 렬 렴 렵 렷 렸 령 례 롄 롑 롓 로 록 론 롤 롬 롭 롯 롱 롸 롼 롽 뢨 뢰
뢴 뢸 룀 룁 룃 룅 료 룐 룔 룝 룟 룡 루 룩 룬 룰 룸 룹 룻 룽 뤄 뤘 뤠 뤼
뤽 뤈 뤌 륌 륏 륑 류 륙 륜 률 륨 륩 륫 륭 르 륵 른 를 름 릅 릇 릉 릊 릍
릎 리 릭 린 릴 림 립 릿 링 ㅁ마 막 만 많 만 말 맑 맒 맘 맙 맛 망 맞 맡
맣 매 맥 맨 맬 맴 맵 맷 맸 맹 맺 먀 먁 먈 먕 머 먹 먼 멀 멂 멈 멉 멋 멍
멎 멓 메 멕 멘 멜 멤 멥 멧 멨 멩 며 멱 면 멸 몃 몄 명 몇 몌 모 목 몫 몬
몰 몲 몸 몹 못 몽 와 완 왔 왕 뫼 묀 묄 묍 묏 묑 묘 묜 묠 묩 못 무 묵 묶
문 묻 물 묽 묾 뭄 뭅 뭇 뭉 뭍 뭏 뭐 뭔 뭘 뭡 뭣 뭬 뮈 뮌 뮐 뮤 뮨 뮬 뮵
뮷 므 믄 믈 믐 믓 미 믹 민 믿 밀 밂 밈 밉 밋 밌 밍 및 밑 ㅂ바 박 밖 밗
반 받 발 밝 밞 밟 밤 밥 밧 방 밭 배 백 밴 밸 뱀 뱁 뱃 뱄 뱅 뱉 뱌 뱍 뱐
뱝 버 벅 번 벋 벌 벎 범 법 벗 벙 벚 베 벡 벤 벤 벨 벰 벱 벳 벴 벵 벼 벽
변 별 볍 볏 볐 병 볕 볘 볜 보 복 볶 본 볼 봄 봅 봇 봉 봐 봔 봤 봬 봤 뵈
뵉 뵌 뵐 뵘 뵙 뵤 뵨 부 북 분 붇 불 붉 붊 붐 붑 붓 붕 붙 붚 붜 붤 붰 붸
뷔 뷕 뷘 뷜 뷩 뷰 뷴 뷸 븀 븃 븅 브 븍 븐 블 븜 븝 븟 비 빅 빈 빌 빎 빔
빕 빗 빙 빚 빛 빠 빡 빤 빨 빪 빰 빱 빳 빴 빵 빻 배 빽 뺀 뺄 뺌 뺍 뺏 뺐
뺑 빠 빡 뺨 뻐 뻑 뻔 뻗 뻘 뻠 뻣 뻤 뻥 뻬 뻰 뼈 뼉 뼘 뼙 뼛 뼜 뼝 뽀 뽁
뽄 뽈 뽐 뽑 뽕 뾔 뾰 뾩 뿌 뿍 뿐 뿔 뿜 뿟 뿡 쀼 쀵 쁘 쁜 쁠 쁨 쁩 삐 삑
삔 삘 삠 삡 삣 삥 ㅅ사 삭 삯 산 삳 살 삵 삶 삼 삽 삿 샀 상 샅 새 색 샌
샐 샘 샙 샛 샜 생 샤 샥 샨 샬 샴 샵 샷 샹 새 샌 샐 샘 생 서 석 섞 섟 선
섣 설 섦 섧 섬 섭 섯 섰 성 섶 세 섹 센 셀 셈 셉 셋 셌 셍 셔 셕 션 셜 셤
셥 셧 셨 셩 셰 셴 셸 솅 소 속 솎 손 솔 솖 솜 솝 솟 송 솥 솨 솩 솬 솰 솽

쇄 쇈 쇌 쇔 쇗 쇘 쇠 쇤 쇌 쇰 쇱 쇳 쇼 쇽 숀 숄 숌 숍 숏 숑 수 숙 순 숟

술 숨 숩 숫 숭 숯 숱 숲 쉬 쉈 쉐 쉑 쉔 쉘 쉠 쉥 쉬 쉭 쉰 쉴 쉼 쉽 쉿 싱

슈 슉 슐 슘 슛 슝 스 슥 슨 슬 슭 습 습 슷 승 시 식 신 싣 실 싫 심 십 싯

싱 싶 싸 싹 쌌 싼 쌀 쌈 쌉 쌌 쌍 쌓 째 쌕 쌘 쌜 쌤 쌥 쌨 쌩 썅 써 썩 썬

썰 썲 썸 썹 썼 썽 쎄 쎈 쎌 쎈 소 쏙 쏜 쏟 쏠 쏢 쏨 쏩 쏭 쏴 쏵 쏸 쏬 쏴

쏬 쏘 쐰 쐴 쐼 쐽 쑈 쑤 쑥 쑨 쑬 쑴 쑵 쑹 쒀 쒔 쒜 쒸 쒼 쓩 쓰 쓱 쓴 쓸

쏤 쏧 씀 씁 씨 씐 씔 씜 씨 씩 씬 씰 씸 씹 씻 씽 **ㅇ** 아 악 안 앉 않 알 앍

앎 앓 암 압 앗 았 앙 앝 앞 애 액 앤 앨 앰 앱 앳 앴 앵 야 약 얀 얄 얇 얌

얍 얏 양 얕 얗 얘 얜 얠 얩 어 억 언 얹 얻 얼 얽 얾 엄 업 없 엇 었 엉 엊

억 엎 에 엑 엔 엘 엠 엡 엣 엥 여 역 엮 연 열 엶 엷 염 엽 엾 엿 였 영 옅

옆 옇 예 옌 옐 옘 옙 옛 옜 오 옥 온 올 옭 옮 옰 옳 옴 옵 옷 옹 옻 와 왁

완 왈 왐 왑 왓 왔 왕 왜 왝 왠 왬 왯 왱 외 왹 왼 욀 욈 욉 욋 욍 요 욕 욘

욜 욤 욥 욧 용 우 욱 운 울 욹 욺 움 웁 웃 웅 워 웍 원 월 웜 웝 웠 웡 웨

웩 웬 웰 웸 웹 웽 위 윅 윈 윌 윔 윕 윗 윙 유 육 윤 율 윰 윱 윳 융 윷 으

윽 은 을 읊 음 읍 읏 응 읒 읓 윽 읕 읖 읗 의 읜 읟 읨 읫 이 익 인 일 읽

읾 잃 임 입 잇 있 잉 잊 잎 **ㅈ** 자 작 잔 잖 잗 잘 잚 잠 잡 잣 잤 장 잦 재

잭 잰 잴 잼 잽 잿 쟀 쟁 쟈 쟉 쟌 쟎 쟐 쟘 쟝 쟤 쟨 쟬 저 적 전 절 젊 점

접 젓 정 젖 제 젝 젠 젤 젬 젭 젯 젱 져 젼 졀 졈 졉 졌 정 제 조 족 존 졸

죪 좀 좁 좃 종 좆 좇 좋 좌 좍 좔 좝 좟 좡 좨 좼 좽 죄 죈 죌 죔 죕 죗 죙

죠 죡 죤 죵 주 죽 준 줄 줆 줌 줍 줏 중 줘 줬 줴 쥐 쥑 쥔 쥘 쥠 쥡 쥣

쥬 쥰 쥴 쥼 즈 즉 즌 즐 즘 즙 즛 증 지 직 진 짇 질 짊 짐 집 짓 징 짖 짙

짚 짜 짝 짠 짢 짤 짧 짬 짭 짯 짰 짱 째 짹 짼 쨀 쨈 쨉 쨋 쨌 쨍 쨔 쨘 쨩

쩌 쩍 쩐 쩔 쩜 쩝 쩟 쩠 쩡 쩨 쩽 쪄 쪘 쪼 쪽 쫀 쫄 쫌 쫍 쫏 쫑 쫓 좌 쫙

쫠 쫬 쫴 쬈 쬐 쬔 쬘 쬠 쬡 쫑 쭈 쭉 쭌 쭐 쭘 쭙 쭝 쭤 쭸 쭹 쮜 쮸 쯔 쯤

쯧 쯩 찌 찍 찐 찔 찜 찝 찡 찢 찧 **ㅊ** 차 착 찬 찮 찰 참 찹 찻 찼 창 찾 채

책 챈 챌 챔 챕 챗 챘 챙 챠 챤 챦 챨 챰 챵 처 척 천 철 첨 첩 첫 첬 청 체

첵 첸 첼 쳄 쳅 쳇 쳉 쳐 쳔 쳤 체 첸 쳉 초 촉 촌 촐 촘 촙 촛 총 촤 촨 촬

촹 최 췬 췰 췸 췹 췻 칭 쵸 춉 추 축 춘 출 춤 춥 춧 충 춰 췄 췌 췐 취 췬

췰 췸 췹 췻 칭 츄 츈 츌 츔 츙 츠 측 츤 츨 츰 츱 츳 층 치 칙 친 칟 칠 칡

침 칩 칫 칭 ㅋ 카 각 칸 칼 캄 캅 캇 강 캐 캑 캔 캘 캠 캡 캣 캤 캥 캬 캭

캉 커 컥 컨 컨 컬 컴 컵 컷 컸 컹 케 켁 켄 켈 켐 켑 켓 켕 켜 켠 켤 켬 켭

켯 켰 켱 케 코 콕 콘 콜 콤 콥 콧 콩 콰 콱 콴 콸 쾀 쾅 쾌 쾡 쾨 쾰 쿄 쿠

쿡 쿤 쿨 쿰 쿱 쿳 쿵 쿼 퀀 퀄 큄 퀘 퀭 퀴 퀵 퀸 퀼 큅 큅 큇 큉 큐 균 큘

큄 크 큭 큰 클 큼 큽 킁 키 킥 킨 킬 킴 킵 킷 킹 ㅌ 타 탁 탄 탈 탉 탐 탑

탓 탔 탕 태 택 탠 탤 탬 탭 탯 탰 탱 탸 턍 터 턱 턴 털 턻 텀 텁 텃 텄 텅

테 텍 텐 텔 템 텝 텟 텡 텨 텬 텼 톄 톈 토 톡 톤 톨 톰 톱 톳 통 톺 톼 퇀

퇘 퇴 퇸 퇫 퇭 툐 투 툭 툰 툴 툼 툽 툿 퉁 퉈 퉜 퉤 튀 튁 튄 튈 튐 튑 튕

튜 튠 튤 튬 튱 트 특 튼 튿 틀 틂 틈 틉 틋 틔 틘 틜 틤 틥 티 틱 틴 틸 팀

팁 팃 팅 ㅍ 파 팍 퐈 판 팔 팖 팜 팝 팟 팠 팡 팥 패 팩 팬 팰 팸 팹 팻 팼

팽 퍄 퍅 퍼 퍽 펀 펄 펌 펍 펏 펐 펑 페 펙 펜 펠 펨 펩 펫 펭 펴 편 펼 폄

폅 폈 평 폐 폘 폡 폣 포 폭 폰 폴 폼 폽 폿 퐁 퐈 퐝 푀 푄 표 푠 풀 풉 풋

푸 푹 푼 푿 풀 풂 품 풉 풋 풍 풔 풩 퓌 퓐 퓔 퓜 퓟 퓨 퓬 퓰 퓸 풋 퓽 프

픈 플 픔 픕 픗 피 픽 핀 필 핌 핍 핏 핑 ㅎ 하 학 한 할 핥 함 합 핫 항 해

핵 핸 핼 햄 햅 햇 했 행 햐 향 허 헉 헌 헐 헗 험 헙 헛 헝 헤 헥 헨 헬 헴

헵 헷 헹 혀 혁 현 혈 혐 협 혓 혔 형 혜 혠 혤 혭 호 혹 혼 홀 홅 홈 홉 홋

홍 홑 화 확 환 활 홧 황 홰 홱 홴 횃 횅 회 획 횐 횔 횝 횟 횡 효 횬 횰 횹

횻 후 훅 훈 훌 훑 훔 훗 훙 훠 훤 훨 훰 훵 훼 훽 휀 휄 휑 휘 휙 휜 휠 휨

휩 휫 휭 휴 휵 훈 휼 흄 훗 흉 흐 흑 흔 흖 흗 흘 흙 흠 흡 흣 흥 흩 희 흰

흴 흼 흽 힁 히 힉 힌 힐 힘 힙 힛 힝

박재성 朴在成(호: 鯨山, 滿波, 夏川)

· 명예효학박사(성산효대학원대학교)
· 교육학(한문전공) 박사(국민대학교 대학원)
· 고려대학교 대학원 최고경영자과정 수료
· 전) 중국산동대학교 객원 교수
· 전) 서울한영대학교 교육평가원 원장
· 한국고미술협회 감정위원
· 훈민정음 신문 발행인
· 사단법인 훈민정음기념사업회 이사장 겸 회장
· 훈민정음 탑 건립 조직위원회 상임조직위원장
· 훈민정음 대학원 대학교 설립추진위원회 상임추진위원장
· 훈민정음 주식회사 대표이사
· 서울경기신문 / 새용산신문 / 4차산업행정뉴스 /
  경남연합신문 논설위원

수상 실적
· 국전 서예부문 특선 1회, 입선 2회(86~88)
· 무등미술대전 서예부문 4회 입특선(85~89) /
  전각부문 입특선(87~88)
· 한양미술대전 서예부문 대상(1987)
· 아세아문예 시 부문 신인상 수상(2015)
· 고려대학교 총장 공로패(2016)
· 대한민국문화예술명인대전 한시
  명인대상 2회 연속 수상(2016, 2017)
· 서욱 국방부장관 감사장(2021)
· 제8군단 군단장 강창구 중장 감사장과 감사패(2021)
· 제15보병사단 사단장 김경중 소장 감사장(2022)
· 육군사관학교 교장 강창구 중장 감사패(2022)
· 육군참모총장 남영신 대장 감사장(2022)
· 육군참모총장 박정환 대장 감사장(2022)
· 지상작전사령부 사령관 전동진 대장 감사장(2022)
· 공군사관학교 교장 박하식 중장 감사장(2022)
· 제55보병사단 사단장 김진익 소장 감사장(2023)
· 한국을 빛낸 자랑스러운 한국인 대상(2023)
· 제5군단 군단장 김성민 중장 감사패(2023)
· 드론작전사령부 사령관 이보형 소장 감사장과 감사패(2023)
· 육군참모총장 박안수 대장 감사장(2024)
· 동원전력사령부 사령관 전성대 소장 감사패(2024)

작품 활동
· 성경 서예 개인전 2회(금호 미술관. 1986, 1988)
· CBS-TV방송 서예초대전(1984)
· 임진각 『평화의종 건립기념』비문 찬(1999)

· 원폭 피해자 평화회관 건립 도서화전 초대 출품
  (서울, 동경 1990)
· 강원도 설악산 백담사『춘성대선사』비문 서(2009)
· 국방일보 〈한자로 쉽게 풀이한 군사용어〉 연재 중(2020~현재)
· 제8군단사령부 구호 휘호(2022)
· 드론작전사령부 창설부대명 휘호(2023)
· 육군훈련소 부대 구호 휘호(2024)
· 동원전력사령부 구호 휘호(2024)

저서
· 서예인을 위한 한문정복요결(1989 국제문화사)
· 한자활용보감(2000 학일출판사)
· 한자지도 완결판(2004 이지한자)
· 성경이 만든 한자(2008 드림북스)
· 간체자 사전 2235(2011 도서출판 하일)
· 성경으로 배우는 재미있는 하오하오한자(순종편)
  (2011 도서출판 에듀코어)
· 매일성경한자 - 집에서 받아보는 성경한자 학습지
  (2011 도서출판 하일)
· 성경보감(2011 도서출판 나)
· 한자에 숨어 있는 성경 이야기(2011 도서출판 나)
· 신비한 성경 속 한자의 비밀(2013 가나북스)
· 크리스천이 꼭 알아야 할 맛있는 성경 상식(2013 가나북스)
· 재밌는 성경 속 사자성어(구약편)(2013 가나북스)
· 재밌는 성경 속 사자성어(신약편)(2013 가나북스)
· 노래만 부르면 저절로 외워지는 창조한자(2014 현보문화)
· 인성보감(2016 한국교육삼락회)
· 우리말로 찾는 정음자전(2021 훈민정음 주)
· 세종어제 훈민정음 총록(2020 문자교육)
· 특허받은 훈민정음 달력(2023 훈민정음 주)
· 훈민정음 경필쓰기(4급)(2024 가나북스)
· 훈민정음 경필쓰기(5급)(2024 가나북스)
· 훈민정음 경필쓰기(6·7·8급)(2024 가나북스)
· 소설로 만나는 세종실록 속 훈민정음(2024 가나북스)
· 훈민정음 언해본 경필쓰기(2024 가나북스)
· 훈민정음 해례본 경필쓰기(2024 가나북스)
· 훈민정음 해설사 자격시험 예상문제집(2024 가나북스)

엮은이와 소통
(사)훈민정음기념사업회 www.hoonminjeongeum.kr

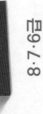